LAS REGLAS DEL JUEGO
PARA QUIEN PRESIDE SESIONES

COMPENDIO
DE PROCEDIMIENTOS
Y
REGLAS
PARLAMENTARIAS

B. EDGAR JOHNSON

Casa Nazarena de Publicaciones
Lenexa, Kansas E.U.A.

Publicado por
Casa Nazarena de Publicaciones
17001 Prairie Star Parkway
Lenexa, Kansas 66220 USA

Segunda edición revisada
Copyright © 1995

ISBN 978-1-56344-524-8

Publicado originalmente en Inglés

Refereeing the Meeting Game
Por B. Edgar Johnson
Copyright © 1979
Published by Beacon Hill Press of Kansas City
a division of Nazarene Publishing House
Kansas City, Missouri 64109 USA

This edition published by arrangement
with Nazarene Publishing House.
All rights reserved.

CONTENIDO

PREFACIO

¿Se ha sentido usted alguna vez intimidado por los volúmenes sobre ley y orden parlamentarios? Y si no intimidado, ¿al menos confundido?

Muchos nos sentimos nerviosos al dirigir sesiones. A veces no sabemos qué mociones deben tener precedencia sobre otras. Nos confundimos con mociones para remitir a un comité, para sustituir o para poner en la mesa. Vacilamos ante una cuestión de privilegio y una moción para posponer. En este librito, Edgar Johnson explica un proceso complicado en un lenguaje fácil de entender. Presenta los procedimientos parlamentarios en forma lógica y sistemática. Al explicar el rango de las mociones en palabras sencillas, define claramente las responsabilidades y opciones de quien preside.

Edgar Johnson está altamente calificado para escribir este tratado. En diferentes asociaciones ha participado como experto en procedimientos parlamentarios o ha presidido las sesiones. Lo conocí en las reuniones de la Asociación de Estadísticos de Organizaciones Religiosas Americanas, y en la Asociación de Directores de Convenciones Religiosas donde ha servido como presidente y ha dirigido hábilmente las reuniones.

Quien lea *Las Reglas del Juego* se sentirá más seguro cuando acepte el trabajo de moderador de sesiones. Con este librito, los que presiden descubrirán que dirigir las sesiones puede ser una experiencia agradable.

-OTTO K. FINKBEINER
Oficial asociado y tesorero Iglesia Presbiteriana Unida de los E.U.A.

INTRODUCCIÓN

La ley parlamentaria es un conjunto de reglas que gobiernan el procedimiento en todas las asambleas deliberativas.

Los principios fundamentales de las reglas son:

1. Trate a todos con cortesía y justicia.
2. Considere un asunto a la vez.
3. La mayoría decide.
4. La minoría tiene derecho a ser oída.
5. La imparcialidad significa que no habrá favoritismo para ninguno.

Estos principios datan de las antiguas civilizaciones de Grecia y Roma. Las reglas, tales como las conocemos, se originaron en las prácticas no escritas del Parlamento en Inglaterra. La primera compilación en América la hizo Thomas Jefferson. Desde entonces, muchos han escrito sobre este tema. El general Henry M. Robert, quien escribió *Reglas de orden (revisadas)*, *Práctica parlamentaria* y *Leyes parlamentarias,* es aún la autoridad sobre procedimientos parlamentarios más aceptada. Los tres libros están en completa armonía, y este sumario se conforma a las reglas contenidas en ellos.

1. REGLAS PARLAMENTARIAS

En la práctica parlamentaria hay tres clases de reglas que gobiernan la asamblea:

1. Reglas generales
2. Reglas especiales
3. Excepciones

Reglas generales son aquellas que se usan general y comúnmente en todas las asambleas deliberativas donde se discuten asuntos y se toman decisiones. Estas pueden hallarse en cualquier texto *estándard* sobre leyes parlamentarias.

Reglas especiales son aquellas que adopta una organización para satisfacer sus necesidades particulares, tales como estatutos, reglas especiales de orden, y reglas permanentes. Son guías especialmente diseñadas para una organización particular y no se aplican a otros grupos. **En caso de conflicto, las reglas especiales toman precedencia sobre las reglas generales.**

Excepciones son –como su nombre implica– excepciones a las reglas generales. Por ejemplo, la moción para enmendar, es una posible excepción a la regla general de que una moción de rango menor que la inmediatamente pendiente, está fuera de orden.

Las reglas se establecen: (1) Para mantener el orden; (2) para acelerar el procedimiento; y (3) para garantizar justicia e igualdad, permitiendo así que la organización alcance sus propósitos en forma ordenada.

2. TÉRMINOS PARLAMENTARIOS

La ley parlamentaria define el procedimiento por el cual se hacen otras leyes. Contiene un lenguaje propio, y para comprender el procedimiento parlamentario, debemos familiarizarnos con algunos términos.

El **acta** es el registro oficial de los procedimientos en una reunión.

La **asamblea** significa la organización o sociedad.

Asunto inconcluso es aquel que proviene de una reunión anterior. No debe calificarse como "asunto viejo".

Ceder significa dar la preferencia a otro. Una moción pendiente puede ceder o dejar que se resuelva una de mayor rango.

La **cuestión** es el asunto ante la asamblea. Cuestión inmediatamente pendiente es el último asunto mencionado por la presidencia.

Pendiente significa el asunto en consideración. Se dice que una cuestión está pendiente desde el momento en que es presentada por la presidencia hasta que se toma una decisión, ya sea temporal o permanente.

Toma precedencia sobre significa que la moción pendiente se deja de lado y otra moción se convierte en la cuestión inmediatamente pendiente.

Enmendar una moción es modificarla, cambiarla o mejorarla. Esto puede hacerse antes de que la moción se adopte o rechace.

Ex-officio significa por virtud del oficio. Un presidente no es miembro ex-officio de ningún comité excepto por regla especial de la organización. Si una organización adopta un reglamento que hace a su presidente miembro de todos los comités excepto del comité nominativo, el presidente podrá presentar mociones, hablar en favor o en contra de ellas, y votar. El presidente no es contado al determinar la presencia de un quórum, y el vicepresidente no puede sustituirlo.

Una **moción** es una proposición formal para que se tome determinada acción.

La **presidencia** es el oficial que preside.

Pro tem significa provisional. Este término generalmente se aplica al oficio de secretario. En ausencia del secretario, la presidencia no tiene el derecho de designar un secretario pro tem o provisional sin el permiso de la asamblea.

Quórum es el número de miembros que deben estar presentes a fin de que las negociaciones sean legales.

Una **resolución** es una moción principal generalmente extensa, por lo que debe presentarse por escrito. Puede contener o carecer de preámbulo, presentando las razones para la resolución.

Reunión y sesión. Estos términos son mal usados con frecuencia. Una convención es una serie de reuniones. Consiste en dos o tres reuniones diarias por varios días. **Todas las reuniones juntas constituyen una sesión.**

Secundar la moción es aprobar una moción que se ha presentado. Algunas mociones requieren secundarse; otras, no.

Sesión ejecutiva es toda reunión de la asamblea en la que los procedimientos son secretos. Sólo los miembros, los invitados especiales y los empleados u oficiales que la asamblea autorice pueden asistir a la reunión.

Formas de **votación:**

De viva voz. La asamblea expresa su aprobación o rechazo de la moción diciendo en voz alta "sí" o "no".

División de la asamblea. Las personas dan a conocer su voto poniéndose de pie.

Mayoría absoluta. Una moción es aprobada si obtiene más de la mitad de los votos emitidos. La mayoría de un número par es la misma que la del número impar que le sigue.

Mayoría relativa o pluralidad de votos. Cuando la votación es entre más de dos mociones o candidatos, y uno obtiene más votos que los demás. Una pluralidad de votos nunca decide una cuestión ni constituye una elección excepto por reglas especiales de la organización.

Voto de las dos terceras partes. Cuando una moción requiere el voto de las dos terceras partes, el voto afirmativo debe ser dos veces mayor que el voto negativo a fin de que la moción sea adoptada.

Voto de sies y noes, o pasar lista. Cuando los miembros de la asamblea expresan su voto a medida que se pasa lista. Esta forma raras veces se usa en una asamblea ordinaria.

3. MOCIONES

Hay siete puntos que deben saberse de toda moción:

1. ¿Cuál es el objeto de la moción?

2. ¿Requiere la moción ser secundada?

3. ¿Puede debatírse (discutirse) la moción?

4. ¿Puede la moción ser enmendada?

5. ¿A qué moción puede ella ceder?

6. ¿Qué votación se requiere para su adopción?

7. ¿Puede la moción ser reconsiderada?

Las mociones se clasifican de acuerdo con su naturaleza. Se dividen primero en dos clases —principales y secundarias.

Una **moción principal** es la que presenta un asunto a la asamblea. Sólo puede hacerse cuando no hay otro asunto ante la asamblea. Hay dos clases de mociones principales:

Una *moción principal primaria* presenta un asunto nuevo ante la asamblea.

Una *moción principal incidental* es incidental al asunto que la asamblea está considerando, o a sus decisiones pasadas o futuras; por ejemplo:

1. Para ratificar una decisión oficial tomada previamente.

2. Para anular una decisión hecha previamente; y

3. Para aceptar el informe de un comité al que se le remitió cierto asunto.

Una **moción secundaria** es la que se aplica a cuestiones ya presentadas a la asamblea, a cuestiones de orden o procedimiento, o asuntos de satisfacción o privilegio.

1. Una moción secundaria puede hacerse aunque haya otros asuntos pendientes, siempre y cuando se haga conforme a las reglas.
2. Las mociones secundarias se dividen en tres clases de acuerdo con su naturaleza:

   a. Subsidiarias

   b. Privilegiadas

   c. Incidentales

Las **mociones subsidiarias** son las que se aplican a otras mociones) y se usan para ayudar a la asamblea a resolver la moción principal) ya sea en forma temporal o permanente.

Las **mociones privilegiadas** son urgentes en naturaleza y se aplican a las necesidades de la asamblea o a los derechos de uno de sus miembros. Son importantes y por ello pueden interrumpir una reunión. No tienen que ver con el asunto que la asamblea está considerando.

Las **mociones incidentales** son las que se aplican al método de tratar un asunto) antes que al asunto mismo.

Pasos para la decisión

Se deben seguir ocho pasos esenciales para lograr la decisión de la asamblea sobre una moción principal (los primeros cuatro son para los miembros, los otros cuatro son para la presidencia):

1. Un miembro de la asamblea se levanta y se dirige a la presidencia: "Señor Presidente" o "Señora (Señorita) Presidenta".

2. La presidencia reconoce a la persona y le concede la palabra al mencionar su nombre.

3. El miembro presenta la moción principal diciendo: "Propongo que..," o "hago la moción para...".

4. Otro miembro, sin levantarse, dice: "Secundo la moción".

5. La presidencia repite la moción: "Se ha hecho la moción y se ha secundado para que...".

6. La presidencia da a los miembros de la asamblea la oportunidad de discutir la cuestión diciendo: "¿Hay discusión?" o "¿Alguien tiene algo que decir?" El silencio indica que los miembros están listos para votar.

7. La presidencia toma la votación en esta forma: "La cuestión es sobre la moción... Los que están a favor, levanten la mano". Espera mientras cuentan los votos. "Los que están en contra, levanten la mano". Espera mientras cuentan los votos.

8. La presidencia anuncia el resultado de la votación. Si los que votaron afirmativamente son la mayoría, dirá: "aprueba la moción", o "el voto es afirmativo y esta sociedad...". Si el voto de la mayoría fue negativo, dirá: "La moción ha perdido y esta sociedad no...". La votación no está completa hasta que el resultado es anunciado por la presidencia.

4. ORDEN DE PRECEDENCIA DE LAS MOCIONES

Hay 13 rangos de mociones (H. M. Robert, *Reglas de orden (revisadas),* p. II). El orden en que aparecen indica el rango, y el rango gobierna el uso de todas las mociones clasificadas. Deben recordarse desde la inferior –la moción principal– a la superior –fijar el tiempo de levantar la sesión.

La moción superior a la que está inmediatamente pendiente está siempre en orden, y las inferiores están fuera de orden. Una moción para enmendar es una excepción. Puede aplicarse a ciertas mociones de rango superior que ella misma.

Rango inferior –La moción principal

La moción 1 es la moción principal y el punto inicial de todo procedimiento parlamentario. Es la inferior en rango entre las mociones clasificadas porque presenta un asunto ante la asamblea. Sin un asunto para consideración, una moción secundaria resulta inútil.

1. Sólo puede haber una moción principal, un asunto bajo discusión en un momento dado.

2. Después que la presidencia presenta la moción principal, cualquiera de las mociones clasificadas está en orden. Las mociones subsidiarias son instrumentos con las cuales se trata o decide la moción principal.

5. SIETE MOCIONES SUBSIDIARIAS

Rango

2. Posponer indefinidamente
3. Enmendar
4. Remitir a un comité
5. Posponer por un tiempo definido (hacerlo orden especial del día, voto de 2/3 partes)
6. Limitar o extender el debate
7. Cuestión previa (cerrar la discusión)
8. Poner sobre la mesa

Moción 2: Posponer indefinidamente

Es la más baja en rango entre las mociones subsidiarias y puede aplicarse sólo a una moción principal. El nombre de esta moción es algo confuso, ya que su objeto no es posponer sino rechazar la moción principal. Antes de votar sobre la moción de posponer indefinidamente, los miembros de la asamblea tienen el privilegio de discutir los méritos de la moción principal. Quien ha agotado su derecho a debate sobre la moción principal, tiene otra oportunidad por medio de la moción para posponer indefinidamente. (Se dice que alguien ha agotado su derecho a debate cuando ha hablado dos veces sobre el asunto). Por regla general, la discusión debe limitarse a la cuestión inmediatamente pendiente. Sin embargo, hay cuatro excepciones a esta regla que abren el debate sobre los méritos de la cuestión a la cual se aplican:

1. La moción para posponer indefinidamente
2. La moción para reconsiderar la votación
3. La moción para anular
4. La moción para ratificar

Si se adopta una moción para posponer indefinidamente, tiene el efecto de derrotar la moción principal sin una votación directa sobre ella. Si la moción para posponer indefinidamente es derrotada, la moción principal está todavía ante la asamblea y se convierte en la cuestión inmediatamente pendiente. Los miembros tienen una oportunidad para enmendarla, o para postergar la acción remitiéndola a un comité, posponiéndola por un tiempo definido, o poniéndola sobre la mesa. Estas mociones de rango superior pueden usarse cuando la moción para posponer indefinidamente está pendiente. Ellas actúan corno una protección contra el uso indebido de la moción para posponer indefinidamente, cuyo propósito es eliminar la moción principal. No contiene provisión para presentar la cuestión ante el grupo otra vez.

Moción 3: Enmendar

De las siete mociones subsidiarias ésta es la que se usa más frecuentemente, ya sea para modificar, cambiar o mejorar una moción. Su objeto es perfeccionar la moción original antes que sea adoptada o rechazada.

Hay dos clases de enmiendas: Primarias y secundarias —algunas veces llamadas enmiendas de primer grado y de segundo grado respectivamente. Una enmienda primaria es una moción para cambiar la moción pendiente y debe tener relación al asunto o propósito de esa moción. Una enmienda secundaria es una moción para cambiar la primera enmienda o enmienda primaria, y debe tener relación con ella.

Formas de enmendar

Hay ciertas formas establecidas para enmendar una moción:

1. Suprimir una o más palabras consecutivas
2. Insertar una o más palabras consecutivas
3. Suprimir una o más palabras consecutivas e insertar otras en el mislllo lugar
4. Agregar palabras al fin de la moción
5. Sustituir una nueva moción por la que estaba inmediatamente pendiente

La persona que propone una enmienda debe saber cuál forma será más apropiada para obtener los resultados deseados. Tanto la presidencia como los miembros deben tener en mente las palabras de una moción para realizar las enmiendas correctamente.

El proceso de enmienda bien pudiera ser la parte más difícil de la ley parlamentaria. El general Robert aconsejaba que se dominaran las cuatro formas establecidas de enmienda antes de considerar la quinta forma—sustituir con una nueva moción.

Reglas respecto a la moción para enmendar

1. No más de dos enmiendas pueden estar pendientes al mismo tiempo—una primaria y una secundaria—a fin de

cumplir con la regla de que sólo puede estar pendiente una moción de cada clase al mismo tiempo.

2. Toda enmienda debe tener relación con la moción que intenta enmendar.

3. Se requieren dos votaciones cuando se trata de una enmienda primaria. Primero se vota sobre la enmienda, y después se hace otra votación por la moción ya enmendada.

4. Una enmienda secundaria cambia la enmienda primaria, y se necesitan tres votaciones: Una sobre la enmienda, otra sobre la enmienda ya enmendada, y la tercera votación sobre la moción principal enmendada.

Entre cada paso del procedimiento, la presidencia expresa claramente a los miembros la cuestión que está inmediatamente pendiente, dándoles una oportunidad para discutirla antes de ponerla a votación.

La enmienda por sustitución necesita una explicación especial. Esta forma se usa cuando no pueden hacerse los cambios deseados usando los otros cuatro métodos. Entonces, está en orden y debe proponerse una enmienda de la moción pendiente sustituyéndola con otra moción. La moción de sustitución propuesta es una enmienda primaria y debe tener relación con la moción original. Requiere ser secundada y la presidencia debe formularla como cualquier otra moción para enmendar.

No se sigue el procedimiento para realizar enmiendas ordinarias. Debido a la naturaleza de esta forma de enmienda, habrá dos mociones ante la asamblea para ser comparadas.

Después que la presidencia formula la moción para enmendar por sustitución, el procedimiento paso por paso es el siguiente:

1. La moción pendiente es perfeccionada por la enmienda.

2. La moción sustituta es perfeccionada por la enmienda.

3. Se hace la votación para sustituir la moción sustituta ya enmendada en lugar de la moción pendiente enmendada.

4. Se vota por la adopción de la moción que queda.

Aspectos que debemos recordar en cuanto a la enmienda por sustitución:

1. La moción para enmendar por sustitución es siempre una enmienda primaria.

2. Antes de realizar la votación para sustituir, pueden sugerirse enmiendas a cualquiera de las dos mociones.

3. Las enmiendas propuestas para cualquiera de las mociones, al perfeccionarlas, son enmiendas secundarias y sólo una de éstas puede estar pendiente a la vez. Cuando se ha votado por una enmienda, se puede proponer otra.

4. Después que se ha realizado la votación para sustituir, la moción que queda sólo puede enmendarse agregando palabras a la misma.

Moción 4: Remitir o devolver a un comité

El objeto de esta moción es remitir la cuestión pendiente a un grupo elegido que estudiará los méritos o deméritos de la cuestión, y actuará de acuerdo a las instrucciones de la asamblea.

La moción para remitir debe contener cuatro puntos:

1. Cuántos deben formar el comité
2. Cómo se designará el comité
3. Qué deberá hacer el comité
4. Cuándo ha de informar a la asamblea

Una cuestión pendiente puede remitirse a un comité permanente o especial. Está fuera de orden nombrar un comité especial cuyos deberes estarían en conflicto con los de un comité permanente.

Si se aprueba la moción para remitir, la moción principal y todas las enmiendas que estén pendientes pasan al comité, y no se puede hacer nada más respecto a la cuestión hasta que el comité informe a la asamblea según las instrucciones.

Una moción pendiente para posponer indefinidamente se hace a un lado cuando se remite una cuestión a un comité.

Moción 5: Posponer por tiempo definido

Esta es la moción adecuada para postergar toda acción con el fin de recoger información sobre la cuestión pendiente, y quizá para proteger a miembros ausentes que quisieran expresar sus opiniones y votar sobre la moción. Una cuestión puede posponerse para más tarde en la misma reunión, o hasta la próxima reunión de la organización, siempre y cuando la próxima reunión se realice dentro de los tres meses siguientes.

Moción 6: Modificar el debate –Limitar o extender los límites del debate

Esta moción sirve para regular los privilegios de la discusión.

Bajo las reglas generales de debate que rigen las asambleas ordinarias:

1. Cada miembro está limitado a dos oportunidades de 10 minutos para opinar sobre una cuestión en el mismo día.

2. Ningún miembro puede hablar por segunda vez hasta que todos los demás miembros tengan la oportunidad de hablar una vez.

Estas reglas pueden ser cambiadas temporalmente usando esta moción para modificar la discusión. Tiene varias formas:

1. Una moción para que la discusión se limite a una oportunidad para cada miembro y que ninguna participación dure más de tres minutos;

2. Una moción para que la discusión sobre la cuestión pendiente termine en 20 minutos; o

3. Que a la persona que haya agotado su derecho a debate le sean concedidos tres minutos adicionales para hablar sobre la cuestión.

Esta moción, en cualquiera de sus formas, requiere el voto de las dos terceras partes porque su efecto es el de suspender la regla, y a veces priva al individuo de su derecho a debate. Toda moción que cambie la regla establecida de debate debe caer bajo el encabezado de "Modificar el debate".

Algunas reglas adicionales que gobiernan la discusión son:

1. Uno no puede hablar en contra de su propia moción, pero puede votar en contra de ella.

2. Para dar oportunidad a otros en una asamblea, todo

miembro debe evitar extenderse demasiado en su participación o hablar con demasiada frecuencia.

3. Lo que se habla en una reunión deberá relacionarse con la cuestión ante la asamblea y no con las personas.

4. Las alusiones personales están fuera de orden.

5. Los comentarios deben dirigirse siempre a la presidencia. A los miembros no se les permite dirigirse a otros miembros en la discusión.

Moción 7: La cuestión previa

El nombre de esta moción es con frecuencia mal entendido. No se aplica a nada que sea previo. Su objeto es cerrar la discusión para votar sobre la cuestión pendiente. Hay ocasiones cuando, en atención a todos, la discusión debe terminar. Esto se lleva a cabo por el uso de esta moción que se llama cuestión previa.

La manera correcta y cortés de terminar la discusión sobre la cuestión es que un miembro pida la palabra y diga: "Propongo la cuestión previa", lo que quiere decir, "dejen de discutir y pónganlo a votación". La moción requiere ser secundada, y debe ser aprobada por las dos terceras partes. Cuando se requiere el voto de las dos terceras partes, es aconsejable que la votación se realice poniéndose de pie.

Si las dos terceras partes votan afirmativamente, se ordena la cuestión previa, y la presidencia debe tomar la votación sobre la cuestión pendiente sin más discusión ni enmiendas.

La cuestión previa se aplica sólo a la última cuestión

pendiente, a menos que el que hizo la moción proponga la cuestión previa respecto a todas las partes de la cuestión pendiente. Si la moción para la cuestión previa en todas las cuestiones pendientes gana por el voto de las dos terceras partes, no puede haber más discusión sobre ninguna de las cuestiones pendientes. La presidencia tomará la votación inmediatamente sobre la moción pendiente de mayor rango, y así sucesivamente sobre las mociones dientes de acuerdo a su rango, hasta que se adopte una que resuelva la moción principal, ya sea temporal o permanentemente.

Moción 8: Depositar o poner sobre la mesa

Esta es la moción subsidiaria de más alto rango. Es probablemente la moción de la cual se abusa más en todo procedimiento parlamentario. Su objeto en asambleas ordinarias es hacer a un lado la cuestión pendiente a fin de atender asuntos más urgentes. No debe usarse para eliminar una moción puesto que no es y sólo requiere mayoría absoluta para su adopción. No se debe permitir que una cuestión no debatible sea descartada por un voto inferior a las dos terceras partes.

Toda moción principal puede ponerse sobre la mesa, y todas las cuestiones relacionadas van con ella a la mesa. Puede tomarse de la mesa en la misma reunión en que fue depositada sobre la mesa, o en la siguiente reunión de la sociedad, siempre y cuando se realice dentro de los siguientes tres meses. Si no se toma de la mesa dentro de ese límite de tiempo, queda nula, pero puede presentarse otra vez en una futura reunión.

En una convención, una cuestión puede tomarse de la mesa en cualquier reunión dentro de la sesión. Si no se hace, la cuestión queda nula al clausurarse la convención. Se requiere una moción, alguien que la secunde, y mayoría absoluta de votos para tomar la cuestión de la mesa. La moción para depositar en la mesa no puede limitarse de ninguna manera. Si un miembro propone poner en la mesa una cuestión por cierto tiempo, la presidencia debe presentarla como una moción para posponer hasta la hora señalada. La presidencia también debe proteger a la asamblea contra el mal uso de esta moción para depositar en la mesa. Puede declarar que la moción está fuera de orden cuando sea obvio que se hace con fines de obstrucción.

6. CINCO MOCIONES PRIVILEGIADAS

Rango

9. Pedir el orden del día

10. Presentar una cuestión de privilegio

11. Declarar un receso

12. Levantar la sesión

13. Fijar el tiempo de levantar la sesión

Las cinco mociones de más alto rango se llaman mociones privilegiadas. Estas cinco mociones no se relacionan con la moción principal (el asunto que está ante la asamblea). Son urgentes en naturaleza y lo suficíentemente importantes como para interrumpir el asunto pendiente. Sin embargo, no pueden interrumpir una votación ni la comprobación de una votación.

Debido a su alto privilegio para interrumpir un las mociones privilegiadas no son debatibles. Frecuentemente se deben a razones imprevistas y deben resolverse rápidamente.

Moción 9: Pedir el orden del día

Toda organización adopta un orden de asuntos para sus reuniones de negocios.

Antes de cada reunión, el secretario (o el secretario y el presidente) ha de completar este bosquejo general de asuntos, incluyendo los asuntos nuevos que ellos conozcan, los que serán informados por los comités, así como los asuntos inconclusos que se tratarán en la reunión. Bajo asuntos inconclusos pueden contarse:

1. Todo asunto pendiente al tiempo de levantar la sesión en la última reunión.
2. Ordenes generales no resueltas en la reunión anterior.
3. Asuntos pospuestos para esta reunión.
4. Ordenes especiales para cuya consideración no se ha fijado cierta hora.

Si la presidencia no sigue el orden de asuntos adoptado, cualquiera de los miembros puede pedir el orden del día; y si no hay objeción, la presidencia regresa inmediatamente al orden de asuntos regular.

Moción 10: Presentar una cuestión de privilegio

Hay muy pocas cuestiones de privilegio. Sin embargo, hay

ocasiones en que un miembro tiene el privilegio de interrumpir la reunión con esta moción; por ejemplo, cuando no puede oír a quien tiene la palabra y está hablando ante la asamblea. Puede ponerse en pie y decir: "Señor Presidente", y sin esperar que le concedan la palabra, dirá: "Me levanto para una cuestión de privilegio personal". La presidencia pedirá que declare la cuestión de privilegio.

Un miembro también puede presentar una cuestión de privilegio en favor de un grupo de personas, incluyéndolo a él. En este caso es una cuestión de privilegio que afecta a la asamblea. La presidencia decide si la cuestión es de privilegio o no, y si se debe permitir que interrumpa el asunto. Dos miembros cualesquiera pueden apelar su decisión, y en ese caso, la asamblea decidirá la cuestión.

Moción 11: Declarar un receso

El objeto de esta moción es proveer una intermisión no incluida en el orden de asuntos o en el programa adoptado. Toda interrupción en los procedimientos del día se llama receso. Si la asamblea ha adoptado un programa especificando un tiempo de receso, cuando llega ese momento la presidencia debe declarar que la asamblea queda en receso hasta la hora señalada para volver a reunirse. En caso de que la presidencia no lo haga, cualquier miembro puede proponer el receso, o llamar a las órdenes del día refiriéndose al programa adoptado que provee un receso a esa hora.

Un receso breve no clausura la reunión. Un receso más largo, como para el almuerzo, daría por terminada la reunión de la mañana, y en la tarde habría otra reunión dentro de la misma sesión. La moción para un receso puede ser enmendada.

Moción 12: Levantar la sesión

Parece innecesario definir este término excepto para decir que esta es la moción adecuada para clausurar la reunión de una organización, una junta o un comité permanente.

Moción 13: Fijar el tiempo de levantar la sesión

De las 13 mociones clasificadas, ésta es la de más alto rango. El objeto de esta moción es establecer la hora y el lugar en que se llevará a cabo la siguiente reunión, si ésta es necesaria antes de la siguiente reunión regular o planeada.

La moción 13 nunca levanta una sesión. Está en orden cuando la moción está pendiente, o en cualquier momento antes que la presidencia levante la sesión.

Es bueno recordar que las mociones privilegiadas tratan con emergencias inmediatas. Dos de ellas pueden ser enmendadas: La 11, declarar un receso; y la 13, fijar el tiempo de levantar la sesión. Una enmienda a cualquiera de las dos no sería debatible porque se refieren a una moción no debatible.

7. MOCIONES INCIDENTALES

Las mociones incidentales no deben confundirse con las mociones principales incidentales. Las mociones incidentales carecen de un orden de precedencia dentro de su categoría. Estas mociones requieren atención inmediata y se originan en el asunto de la asamblea. Este asunto puede estar pendiente, a punto de ser presentado o recién resuelto. Están en orden siempre que sean incidentales al asunto de la asamblea, sin tomar en cuenta el rango de la moción pendiente, y deben atenderse antes de continuar con el asunto del cual se originaron. Dos características de las mociones incidentales son:

1. Con frecuencia se aplican al método para tratar el asunto antes que al asunto mismo, y por lo general es evidente que son necesarias.

2. Con una excepción, no pueden ser discutidas. (Una apelación puede discutirse sólo cuando se aplica a una cuestión debatible). Uno de los principios fundamentales del procedimiento parlamentario es que las mociones que son lo suficientemente urgentes como para interrumpir la discusión, no pueden ser discutidas. Por cuanto se les permite interrumpir el asunto, por regla general deben hacerse rápidamente y resolverse con prontitud.

Moción incidental 1: Apelar

El objeto de esta moción es cambiar la decisión de la presidencia. Debe hacerse en el momento en que se anuncia la disposición o se la decisión, y requiere ser secundada. La presidencia no puede formular una apelación si no está secundada. Una apelación está estrechamente relacionada al punto de orden que se usa cuando un miembro considera que se ha violado una regla. A todo miembro de la asamblea se le permite hablar sólo una vez en un caso de apelación. La presidencia puede hablar dos veces. Puede hacerlo al principio y al fin. En la segunda oportunidad presenta razones adicionales para su decisión, y responde a cualquier argumento contra la decisión. La votación, entonces, se realiza así: "La cuestión es: ¿Se mantiene la decisión de la presidencia?" Se requiere mayoría absoluta para cambiar la decisión de la presidencia. Un empate, incluyendo a la presidencia, apoyará la decisión de la presidencia.

Moción incidental 2: Suspender las reglas

No se debe hacer mal uso de esta moción. Algunas reglas pueden suspenderse, otras no.

1. Una regla incorporada en la constitución o en los estatutos no puede suspenderse.

2. Una regla especial de orden puede suspenderse por voto de las dos terceras partes.

3. Un cuerpo de delegados en el que sólo éstos tienen el privilegio de hablar en las reuniones de negocio de la asamblea puede, por el voto de las dos terceras parla regla y permitir que uno que no es delegado, hable sobre la cuestión que discute la asamblea. Bajo ninguna circunstancia puede votar el que no es delegado.

4. Una regla permanente de una sociedad puede suspenderse por mayoría absoluta. Una vez que se ha tratado el problema, la regla permanente rige otra vez.

5. Una regla general de procedimiento parlamentario puede suspenderse por votación unánime, o por consentimiento general, siempre y cuando los miembros ausentes

no sean afectados por la suspensión y no haya interferencia con el carácter secreto de la boleta o cédula para votar.

Moción incidental 3: Punto de orden y llamada al orden

El punto de orden se usa para hacer notar una infracción a las reglas de orden. La llamada al orden se usa cuando un miembro que tiene la palabra en una reunión, no hace caso de las reglas, y quizás ataca los móviles de otro miembro o dirige ataques personales contra alguien. La presidencia debe llamar al orden a la persona. En caso de que no lo haga, otro miembro puede levantarse y sin esperar ser reconocido, dirá: "Señor Presidente, llamo al orden a... (otro miembro)". La presidencia entonces responderá más o menos así: "El caballero tendrá la bondad de venir al orden y refrenarse de dirigir ataques personales".

Moción incidental 4: Objeción a la consideración de una cuestión

Esta moción puede aplicarse sólo a una moción principal original. Debe hacerse inmediatamente después que la cuestión ha sido formulada por la presidencia, y antes de que haya discusión o que la presidencia formule una moción de mayor rango. Se usa para evitar la discusión sobre asuntos controversiales o personales. Cualquier miembro puede levantarse y sin esperar ser reconocido, dirá: "Señor Presidente, objeto la consideración de la cuestión". Esta moción no necesita ser secundada, y no puede ser discutida ni enmendada. Inmediatamente la presidencia presentará la cuestión en esta forma: "La cuestión es... Hay objeción a su consideración. ¿Quiere la asamblea considerarla?" Se necesita el voto de las dos terceras partes para apoyar una objeción a la consideración de una cuestión.

Moción incidental 5: Peticiones

Todo lo que se presenta como petición o pregunta corresponde a esta moción. Si es lo suficientemente urgente, al grado que su propósito quedaria nulo por la tardanza, se puede aun interrumpir a la persona que está hablando. Debe tener relación con la cuestión pendiente.

Moción incidental 6: División de la asamblea

Esta moción o llamada se usa para determinar la validez o corrección de una votación. Cuando se hace una votación de viva voz o levantando la mano, y la presidencia anuncia el resultado, cualquier miembro puede pedir una división. Si una persona lo pide, la presidencia debe tomar otra votación para la cual se pondrán de pie. Cuando la presidencia no está segura del resultado de una votación de viva voz, puede decir: "La presidencia está en duda", y pedirá la división de la asamblea.

Moción incidental 7: Lectura de un documento

El objeto de esta moción es que se lea un documento que no está en la agenda. La presidencia puede negar esta moción cuando, en su opinión, la solicitud se ha hecho deliberadamente para obstruir el asunto. Una moción para leer un ocumento está en orden cuando la presidencia ha rehusado la petición.

Moción incidental 8: Permiso para retirar una moción

Es conveniente si se desea ahorrar tiempo. Esta moción se

usa para impedir la acción sobre la moción y para mantenerla fuera del acta. Antes de que una moción sea formulada por la presidencia, quien hizo la moción puede retirarla sin el consentimiento de nadie. La moción no aparecerá en el acta. Después que la moción ha sido formulada por la presidencia, se convierte en propiedad de la asamblea. Sin embargo, en cualquier momento antes de la votación, el que hizo la moción puede pedir la palabra y solicitar permiso de la asamblea para retirar la moción. Si nadie objeta, la presidencia puede declararla retirada. Si hay objeción, se necesita mayoría absoluta para retirar la moción. Sólo el que hizo la moción puede retirarla. No debe pedir el consentimiento de quien la secundó. Las mociones retiradas no aparecen en el acta.

Moción incidental 9: División de la cuestión

Cuando se presenta una serie de resoluciones, y cada resolución es un asunto distinto que puede mantenerse solo aunque todos los demás se retiren, cualquier miembro puede pedir la palabra y pedir la división de la cuestión. Si una persona lo solicita, la cuestión tiene que dividirse. Cuando se ha pedido la división de la cuestión, la presidencia menciona cada resolución y la trata como toda moción principal hasta que la decisión se haya tomado. Cuando cada resolución de una serie ha sido tratada en esta forma, no se necesita hacer nada más.

Si una serie de mociones o resoluciones trata sobre un solo asunto, y está escrita en esa forma, pero puede dividirse en dos o más partes, y cada parte puede ser una proposición distinta que podría haberse presentado por separado, la cuestión puede dividirse si se aprueba por mayoría absoluta.

Moción incidental 10: Cerrar las nominaciones y cerrar la votación

Estas dos mociones tienen aspectos en común. Ambas se aplican a las elecciones. Se requiere el voto de las dos terceras partes para adoptar cualquiera de las dos, y una mayoría absoluta volverá a abrir las nonlinaciones o la votación. Estas mociones son de poca utilidad. Es mejor dejar que el oficial que preside, cierre las nominaciones cuando esté seguro de que no habrá más nominaciones por parte de los mienlbros. Puede cerrar la votación cuando hayan votado todos los que tienen derecho a voto.

Moción incidental 11: Reabrir las nominaciones o la votación

Después que se han cerrado las nominaciones, una moción para las nominaciones está en orden en cualquier momento antes de que se haga la votación. Después que la votación se ha cerrado, una moción para reabrir la votación está en orden en cualquier momento antes de que los escrutadores comiencen a contar los votos.

Moción incidental 12: Consideración por párrafos o *seriatim*

El objeto de este procedimiento es perfeccionar y armonizar todos los párrafos de un documento antes de votar para adoptarlo. Se usa cuando la asamblea adopta un conjunto original de estatutos, o sustituye un conjunto de estatutos revisados en lugar de los que están en vigencia. Los estatutos están tan estrechamente relacionados que no es aconsejable dividir la cuestión. Cuando se consideran seriatim, los párrafos se consideran separadamente sólo para discusión y enmiendas. No se adoptan individualmente. Después que todos los párrafos han sido discutidos y enmendados, la presidencia puede preguntar si hay otras enmiendas. En este momento pueden haber enmiendas adicionales a cualquier sección. Pueden insertarse artículos nuevos. Cuando todos los artículos han sido perfeccionados y están en armonía, se realiza una votación para adoptar el conjunto por estatutos o párrafos tal como fueron enmendados.

Un presupuesto se puede considerar en esta forma, o un miembru puede proponer que la cuestión se considere *seriatim*. Esto requiere de mayoría absoluta.

8. MOCIONES PRINCIPALES INCIDENTALES

Existen otras mociones llamadas mociones principales incidentales que pueden hacerse sólo cuando no hay un asunto ante la asamblea.

Ratificar

El objeto de esta moción es aprobar o hacer válida la acción tomada, que por alguna razón requiere ser ratificada para ser legal.

Reglas en relación con la moción para ratificar

1. Una asamblea puede ratificar sólo las decisiones que ella tiene derecho de autorizar.

2. No puede ratificar decisiones que violen la ley civil.

3. No puede ratificar acciones que violen los estatutos de la asamblea.

4. Puede ratificar una decisión de naturaleza urgente hecha cuando no hubo quórum.

Anular o rescindir

El objeto de esta moción es revocar una acción tomada previamente. Esta moción es también una de las cuatro que abren para discusión los méritos de la cuestión a la que se aplican.

Reglas en relación con la moción para anular o rescindir

1. Una moción o una regla permanente puede anularse sin aviso por el voto de la mayoría de la membresía total, o por el voto de las dos terceras partes de quienes votan en una reunión.

2. Si se ha dado aviso previo, la moción para anular una moción o una regla permanente requiere mayoría absoluta entre los miembros presentes.

3. Cuando se presenta una moción para anular un estatuto, se requiere el mismo procedimiento que una enmienda al estatuto, esto es, aviso previo y el voto de las dos terceras partes. Todo cambio en un estatuto es una enmienda a pesar del tiempo que haya pasado, siempre y cuando no se haya hecho algo, como resultado de la

decisión, que no pueda deshacerse.

4. Un contrato no puede ser rescindido cuando la otra parte ha sido notificada oficialmente.

5. Si se ha pagado un recibo, la asamblea no puede anular la decisión por la que se autorizó el pago.

6. Está en orden anular una parte de una moción si esa parte no ha sido ejecutada.

Reconsiderar la votación y tomar de la mesa

Estas son mociones misceláneas que se usan frecuentemente y permiten presentar una cuestión a la asamblea por segunda vez. Debido a la naturaleza de las dos mociones, éstas gozan de ciertos privilegios que generalmente no corresponden a las mociones. Por tanto no son clasificadas. Para evitar pérdida de tiempo en una reunión, una cuestión que ha sido decidida por voto de la asamblea, no puede presentarse otra vez de la misma forma en la misma reunión. Sin embargo, una decisión apresurada puede corregirse por medio de la para reconsiderar la votación.

Reglas en relación con la moción para reconsiderar

1. Esta moción puede hacerse solamente en el día en que se tomó la votación por reconsiderar, o en el siguiente día, pero no se cuenta como un día un feriado legal ni el receso de un día.

2. Sólo quien votó por el lado que ganó tiene el privilegio de proponer que se reconsidere. Si la moción por reconsiderar se adoptó, la persona debió haber votado "sí", Si

perdió, debió haber votado "no". Si la votación fue un empate, la moción perdió.

3. Cualquier miembro puede secundar la moción.

4. Se requiere mayoría absoluta.

5. Es debatible cuando se aplica a una cuestión debatible.

6. La adopción de esta moción para reconsiderar presenta la cuestión ante la asamblea otra vez, como si nunca hubieran votado por ella. Puede ser discutida, enmendada, remitida a un comité, o resuelta mediante otra votación.

7. Nada puede impedir que se haga esta moción si se hace dentro del límite de tiempo. Puede hacerse aunque esté pendiente otro asunto, o aun después que la asamblea haya votado para levantar la sesión, siempre y cuando la presidencia no haya declarado clausurada la reunión.

8. Las mociones que pueden ser renovadas en la misma reunión no pueden reconsiderarse.

La moción para reconsiderar e incluir en el acta es una forma limitada de esta moción. Se usa únicamente cuando el número de votantes en una reunión no es representativo. Protege a los miembros ausentes. La forma es: "Yo voté por el lado que ganó y propongo que se reconsidere la votación sobre la moción que... y que se incluya [o: conste] en el acta". Esta forma de la moción difiere en algunos aspectos de la forma simple:

1. Puede hacerse sólo en el día en que se tomó la votación por reconsiderar, no al día siguiente.

2. No se puede votar por la moción en la misma reunión

en que se hizo, así que asegura la reconsideración de una cuestión en un día diferente, o en una reunión diferente de cuando se puso a votación la cuestión.

3. Tiene mayor rango que la moción regular por reconsiderar.

4. Se aplica sólo a las votaciones que resuelven definitivamente la moción principal –Ya sea la votación afirmativa o negativa sobre la moción principal, la votación afirmativa sobre la moción para posponer indefinidamente, o la votación negativa de las dos terceras partes apoyando la objeción a considerar la cuestión.

9. INFORMACIÓN GENERAL PARA ORGANIZACIONES Y SUS ASUNTOS

Orden de asuntos

El orden de asuntos para la mayoría de las sociedades que tienen reuniones regulares es como sigue:

1. Se abre la sesión
2. Ceremonias de apertura
3. Pasar lista –o determinar si hay quórum
4. Lectura y aprobación del acta de la sesión anterior
5. Informes de oficiales
6. Informes de juntas y comités permanentes
7. Informes de comités especiales

8. Ordenes especiales

9. Asuntos inconclusos y órdenes generales

10. Asuntos nuevos

Reglas para contar los votos (cédulas)

1. Los escrutadores no cuentan los votos en blanco (se consideran papel desperdiciado).

2. No se da crédito a ningún voto ilegal para ninguna de las opciones en la cuestión.

3. Las cédulas que fueron dobladas juntas (si están llenas) son votos ilegales, y se cuentan en conjunto como un (1) voto ilegal en cada cuestión.

4. Un voto en blanco doblado con uno que ha sido escrito, se pasa por alto y no anula el voto escrito correctamente.

5. Los espacios en blanco en una cédula en la que se vota por varios asuntos, en ninguna manera afectan la validez de los espacios que han sido llenos.

6. Los votos por demasiados candidatos para un oficio dado hacen ilegal aquella sección de la cédula.

7. Los pequeños errores técnicos y errores de deletreo no se toman en cuenta si el significado es claro.

8. Las cédulas ilegibles se cuentan como votos ilegales.

9. Si el significado de algunas cédulas es dudoso y contarlas como votos ilegales afectaría el resultado de la votación, los escrutadores deben informarlo a la presidencia, quien ínmediatamente preguntará a la asamblea cómo deberán considerarse esas cédulas.

10. El escrutador que informa el total de los votos nunca declara quién fue electo o el resultado de la votación. La presidencia es la que siempre declara el resultado y por separado en cada elección, y anuncia el resultado de la votación por una moción.

Infonne de los escrutadores (Votación para elección)

Número total de votos emitidos 50

Votos necesarios para la elección...............................26

El señor Santos recibió 28

El señor Angeles recibió 17

Votos ilegales

El señor Moreno (ínelegible) recibió............................4

Dos cédulas dobladas juntas para el señor

Blanco; rechazadas 1

Informe de los escrutadores (Votación sobre una resolución)

Número total de votos emitidos 88

Votos necesarios para adoptar (mayoría)......................45

Votos a favor 75

Votos en contra 12

Votos ilegales

Una cédula ilegible; rechazada.....................................1

Bosquejo básico para estatutos

Artículo I   Nombre de la organización

Artículo II   Objeto o propósito de la organización

Artículo III Miembros (clases y requisitos)

Artículo IV Oficiales (deberes, forma de elección, duración del cargo)

Deberes de los oficiales

Guías relacionadas con los oficiales de la organización

El **presidente** administra la operación de la organización y preside todas las reuniones.

El **vicepresidente** actúa en ausencia del presidente. Las reglas o prácticas establecidas por el oficial permanente no pueden ser modificadas o cambiadas por el vicepresidente.

El **secretario** y archiva todo lo que se hace y no lo que se dice en una reunión.

El **tesorero** es el custodio de los fondos de la organización, a menos que los estatutos señalen algo diferente; mantiene al día la declaración financiera y rinde los informes que se le pidan. Cuando se presenta el informe del tesorero, se reconoce con una declaración así: "El informe del tesorero se archivará para su auditoría".

CUADRO DE LAS MOCIONES BÁSICAS

Rango

Rango		Secundar	Discusión	Enmienda	Voto	Reconsideración	Interrupción
	CINCO MOCIONES PRIVILEGIADAS						
13	Fijar el tiempo de levantar la sesión	Sí	No	Sí	M	Sí	No
12	Levantar la sesión	Sí	No	No	M	No	No
11	Declarar un receso	Sí	No	Sí	M	No	No
10	Presentar una cuestión de privilegio	No	No	No	P	No	IH
9	Pedir el orden del día	No	No	No	P	No	IH
	(Se necesita el voto negativo de 2/3 partes para no volver al orden del día).						
	SIETE MOCIONES SUBSIDIARIAS (Mociones auxiliares)						
8	Depositar o poner sobre la mesa	Sí	No	No	M	No	No
7	Cuestión previa (Cerrar la discusión)	Sí	No	No	2/3	Sí4	No
6	Limitar o extender el debate	Sí	No	Sí	2/3	Sí	No
5	Posponer por un tiempo definido	Sí	Sí	Sí	M	Sí	No
	(Se necesita el voto de 2/3 partes para hacerlo orden especial del día).						
4	Remitir a un comité	Sí	Sí	Sí1	M	Sí	No
3	Enmendar	Sí	Sí	No	M	Sí	No
2	Posponer indefinidamente	Sí	Sí	No	M	Sí2	No
1	**MOCIÓN PRINCIPAL** (o RESOLUCIÓN)	Sí	Sí	Sí	M	Sí	No
	DOCE MOCIONES INCIDENTALES						

Moción						
Apelar	Sí	Sí5	No	M	Sí	IP
Suspender las reglas	Sí	No	No	2/3	No	IP
Punto de orden y llamada al orden	No	No	No	P	No	IH
Objeción a la consideración de una cuestión	No	No	No	2/3	Sí3	IP4
Peticiones	No	No	No	P	No	IP
División de la asamblea	No	No	No	P	No	IP
Lectura de un documento	Sí	No	No	M	Sí3	IP
Retirar una moción	No	No	Sí	P	Sí3	IP
División de la cuestión	Sí	No	Sí	M	No	IP
Cerrar las nominaciones y cerrar la votación	Sí	No	Sí	2/3	No	IP
Reabrir las nominaciones o la votación	Sí	No	Sí	M	Sí3	
Considerar seriatim	Sí	No	Sí	M	Sí3	IP
Otras mociones incidentales pueden surgir durante una reunión.	Sí	No	Sí	M	Sí3	IP
CUATRO MOCIONES PRINCIPALES INCIDENTALES						
Reconsiderar la votación	Sí	Sí4	No	M	No	IP
Anular o rescindir	Sí	Sí	Sí	2/34	Sí3	No
Ratificar (Aprobar)	Sí	Sí	Sí	M	Sí3	No
Tomar de la mesa	Sí	No	No	M	No	No
DOS MOCIONES PRINCIPALES ESPECIALES						
Estatutos (Enmienda o revisión)	Sí	Sí	Sí	2/3	Sí3	No
Aceptar o adoptar informes de comités	Sí	Sí	Sí	M	Sí	No

1. Sólo dos enmiendas pueden estar pendientes a la vez.
2. Sólo el voto afirmativo puede ser reconsiderado.
3. Sólo el voto negativo puede ser reconsiderado.
4. Una o más excepciones, pero éstas pueden considerarse menores.
5. Cuando se aplica a una cuestión debatible.

CLAVE:
M—Mayoría
P—Presidente decide
IH—Puede interrumpir al que habla
IP—Puede interrumpir el procedimiento

ÍNDICE

CPSIA information can be obtained
at www.ICGtesting.com
Printed in the USA
BVHW030451051022
648654BV00010B/211

9 781563 445248